幼児から高齢者の方まで無理なく楽しめるアンサンブル

ミュージックベル
はじめのい〜っぽ！

ピアノ伴奏付

Arr.by FUJIE SUGATA
編著：菅田 富士江

サーベル社

まえがき

ひとりひとりが自分の担当する「音（ベル）」を持ち
その役割を果たす…
その結果
「音」がまとまって
ひとつの「音楽」をつくっていく…
演奏できた時の嬉しさはかけがえのない喜びだと思います。

ベルの響きは一瞬にしてその場の空気を変える不思議な「音」です。
幼児から高齢者の方まで
無理なく楽しんでベルアンサンブルの魅力を感じていただけたら…と
ベルの導入に使用できる曲集を編曲いたしました。

ベルを通して「音楽」を身近に感じていただけたら、
また幼稚園の発表会、コンサート、高齢者施設でのアクティビティーに
この曲集が少しでもお役に立てたらとても嬉しいです。

出版にあたり㈱サーベル社鈴木廣史様、及び編集等
ご協力いただいた方々に深く感謝申し上げます。

2017 年 3 月

菅田富士江

CONTENTS
（目　次）

~ウォーミングアップ曲~　　　　　　　　　　　　　　　　　　　　　　　　　　　　楽譜　　解説

みんなでドレミファソラシド ……………………………………………………………… 4 …… 6

ミミの子守唄 …………………………………………………………………………… 7 …… 6

ソファミのワルツ ……………………………………………………………………… 9 …… 11

レミの夕暮れ …………………………………………………………………………… 12 …… 11

ほたるこい ………………………… わらべうた ………………………………… 14 …… 16

おはなし ………………………… フィンランド民謡 ………………………… 17 …… 16

お山のがくたい ………………… アメリカ民謡 ……………………………… 19 …… 21

またね、さようなら ……………… 菅田富士江 ……………………………… 22 …… 21

ゆかいなまきば ………………… アメリカ民謡 ……………………………… 24 …… 28

鐘 ………………………………… W. クロッチ ……………………………… 30 …… 29

鐘の音（フレール・ジャック）……… フランス民謡 …………………………… 32 …… 35

キラキラ星 ……………………… フランス民謡 …………………………… 36 …… 40

七夕さま ………………………… 下総皖一 ………………………………… 42 …… 41

うみ ……………………………… 井上武士 ………………………………… 46 …… 50

チャパネカス …………………… メキシコ民謡 …………………………… 52 …… 51

ハッピー・バースデー・トゥー・ユー ……… M. J. ヒル ………………………… 60 …… 59

よろこびの歌 …………………… L.v. ベートーヴェン …………………… 64 …… 63

四つ葉のコラール ……………… 菅田富士江 ……………………………… 68 …… 69

~本書の使い方~

＊初めてベルを演奏される方から無理なくアンサンブルを楽しめるよう、編曲した曲集です。
　ベルは単音でやさしい曲でも、ピアノと合わせることによって、より素敵なサウンドで響くようアレンジしました。

＊ミュージックベル27音（F̲〜G̅）で演奏できるよう書かれていますが、曲によっては音域がせまくても演奏可能です。（各曲の使用ベル表を参照してください。）
　また、イングリッシュハンドベルやトーンチャイムにも使用できます。

＊一つの曲に対し難易度を変えた二種類、Bell Ver. I（やさしいバージョン）と Bell Ver. II（より演奏効果のあるバージョン）を用意した曲や、ベルのみの曲、また、ウォーミングアップに使用できる曲も入っています。
　参考までにベルの振り分け、人数も一例として記しましたが、こちらは演奏者の人数、個人の能力に応じてより演奏しやすいよう工夫してみてください。

＊各曲に「演奏のヒント…」を記載いたしましたので参考にしていただければと思います。また難易度の目安を🔔マークで表示しました。（🔔〜🔔🔔🔔🔔🔔）

みんなでドレミファソラシド

`Bell`

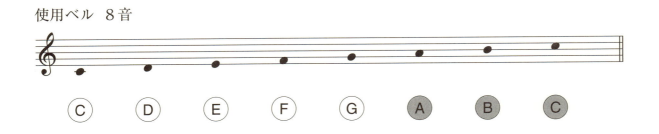

みんなでドレミファソラシド

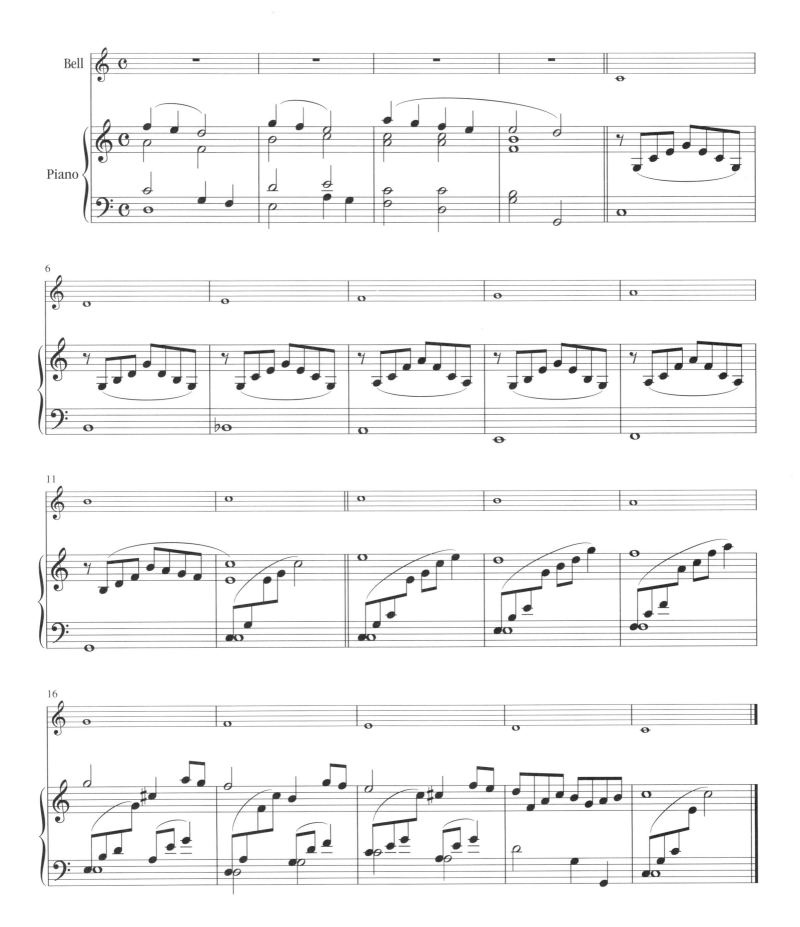

みんなでドレミファソラシド（ウォーミングアップ曲）

♪演奏のヒント…
* ドレミファソラシドの音階にピアノ伴奏をつけました。楽譜を見なくてもできるので、ベルのウォーミングアップに使用してみてください。
* 楽譜は全音符で書かれていますが二分音符で二回にしてみたり、四分音符で四拍打ってみたり、またリズムをかえて演奏したり、トレモロ奏で演奏したり、ヴァリエーションを広げてベルの音に親しんでください。

♪Bell　使用ベル 8音　レベル 🔔

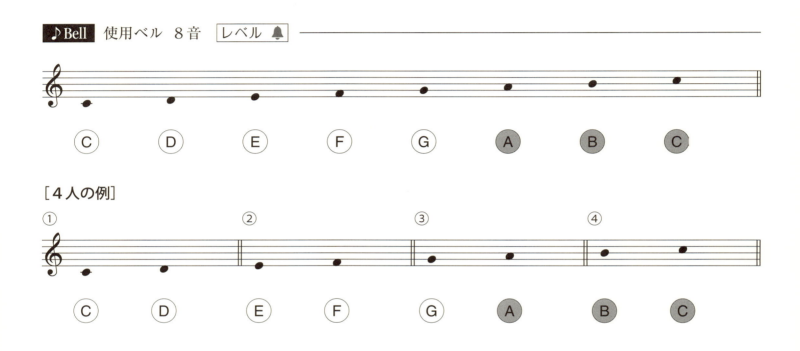

ミミの子守唄（ウォーミングアップ曲）

♪演奏のヒント…
* 2音しか使用しないので、一人でもできますし、楽譜を見なくてもできます。
* ベルを1本ずつ持って二人で向かい合って「音」のキャッチボールをしたら楽しいです。ベルの音が飛んでいくイメージで演奏してみてください。ピアノが入ることによって実際には見えない音がなんとなく見えてきて、気持ち良く演奏できると思います。テンポを変えて、向かい合っている距離も離れてみたり近くしてみたり工夫してみてください。

♪Bell　使用ベル 2音　レベル 🔔

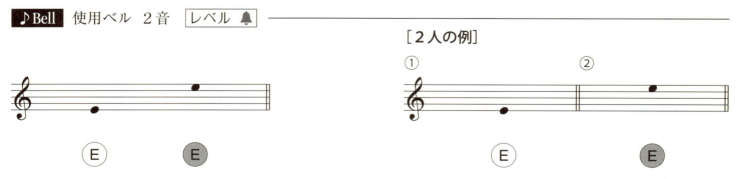

Bell

ミミの子守唄

使用ベル　2音

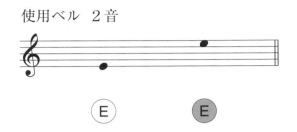

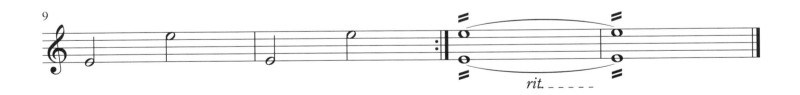

ミミの子守唄

ソファミのワルツ

`Bell`

ソファミのワルツ

ソファミのワルツ (ウォーミングアップ曲) ●●●●●●●●●●●●●●●●●●●●●●●●●●●●●●●●●●●●

♪演奏のヒント…　＊ 八分音符が出てきて少しはやくベルを振る練習ができます。
　　　　　　　　　ピアノが刻む3拍子のリズムにのって、楽しく演奏してください。

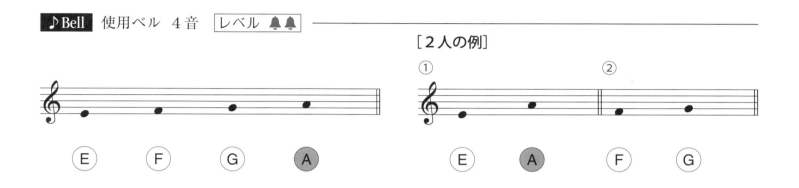

レミの夕暮れ (ウォーミングアップ曲) ●●●●●●●●●●●●●●●●●●●●●●●●●●●●●●●●●●●●

♪演奏のヒント…　＊ 短調の雰囲気を感じてちょっぴりメランコリックに演奏してみましょう。同じフレーズ（レミファソラー）が3回出てきますが1回ごとに強弱を変えてみたり、リズムを変えたりしてもよいですね。楽譜がなくてもできそうですね。
　　　　　　　　＊ トレモロ奏で音をつなげる練習もしてみてください。

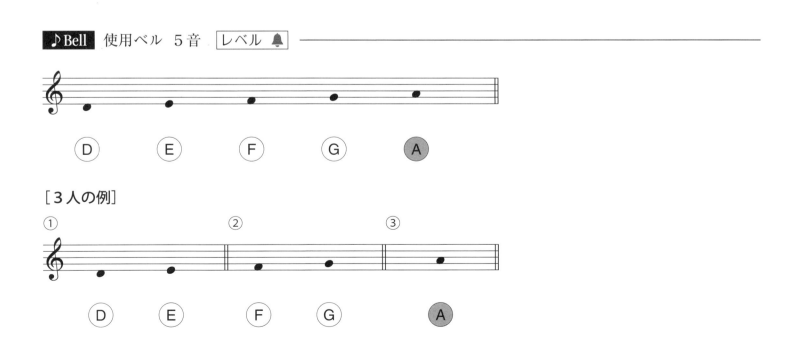

レミの夕暮れ

Bell

使用ベル 5音

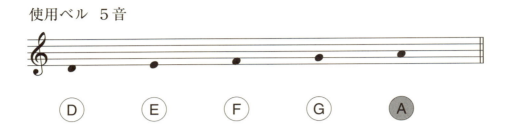

ゆったりと

Score

レミの夕暮れ

Bell　ほたるこい

使用ベル　4音

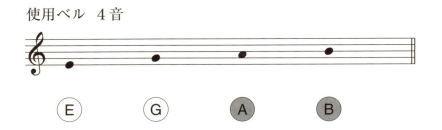

Japanese traditional
わらべうた

ほたるこい

ほたるこい

> ♪演奏のヒント…　＊「ほ、ほ、ほーたるこい、あっちのみーずはにーがいぞ、こっちのみーずはあーまいぞ、ほ、ほ、ほーたるこい」と、歌いながら演奏したり、はじめに歌って、次はベルで…等。また打楽器も入れてみるのも楽しいです。

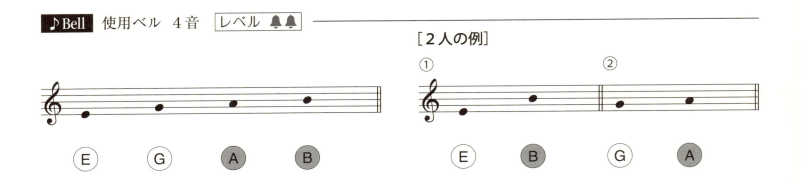

おはなし

> ♪演奏のヒント…　＊ すぐ覚えられるメロディーです。楽しく演奏してください。
> 　　　　　　　　＊ 休符で音をとめる練習もしてみてください。（止め方は例えば、打った後、ベル部分を胸につけてとめる方法等。）

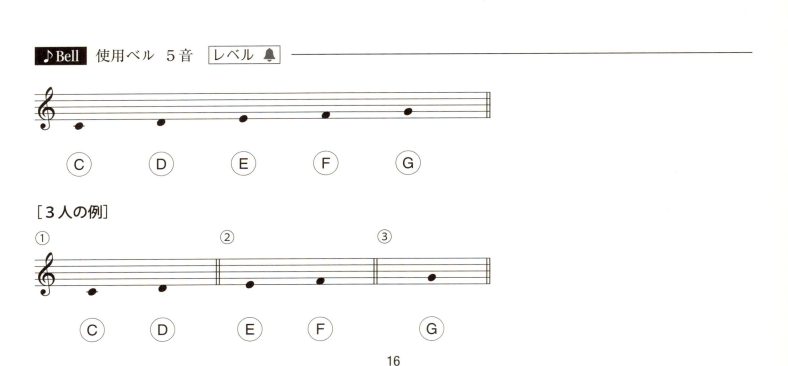

おはなし

Bell

使用ベル 5音

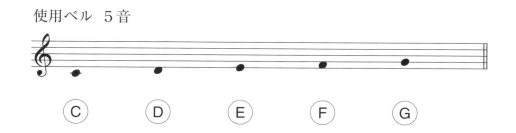

フィンランド民謡

たのしく

おはなし

フィンランド民謡

お山のがくたい

Bell

使用ベル 7音

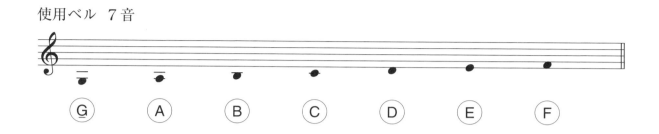

アメリカ民謡

おどけて

お山のがくたい

アメリカ民謡

お山のがくたい

♪演奏のヒント… ＊ １オクターブ上の音域でも演奏できるので、人数が多い場合はユニゾンで演奏可能です。
また、打楽器を加えても楽しいです。

♪Bell 使用ベル ７音　レベル 🔔🔔

またね、さようなら

♪演奏のヒント… ＊ ベルの練習の終わりに歌ったりできるよう歌詞も入っています。
また慣れてきたらベルと一緒に歌ってみたりしてください。
＊ 曲の終わり４小節にトレモロ奏が入っています。手をあげて「バイバイ」するように演奏してみるのもよいですね。

♪Bell 使用ベル ９音　レベル 🔔🔔

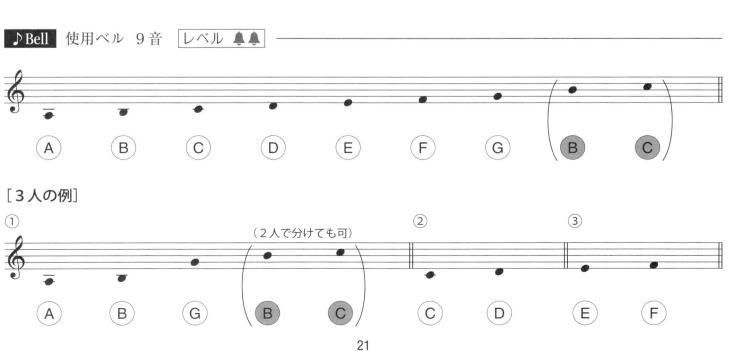

またね、さようなら

Bell

使用ベル 9音

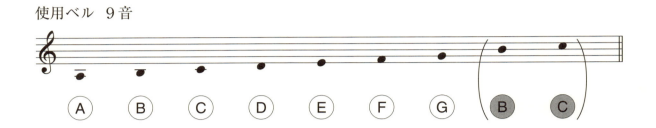

Music by F. Sugata
菅田富士江

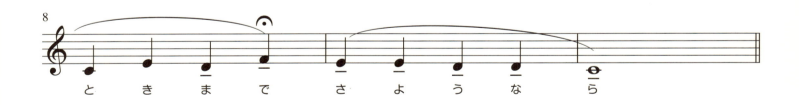

Score

またね、さようなら

Music by F. Sugata
菅田富士江

Andantino

Bell

Andantino

Piano

さ　よ　う　な　ら

semple legato _ _ _ _ _ _ _

con pedale _ _ _ _ _ _ _ _ _ _ _

さ　よ　う　な　ら　　ま　た　あ　う　と　き　ま　で　さ　よ　う　な

ら

rit. _ _ _ _ _ _ _

rit. _ _ _ _ _ _ _

Bell Ver. I ゆかいなまきば

アメリカ民謡

Bell Ver. II ゆかいなまきば

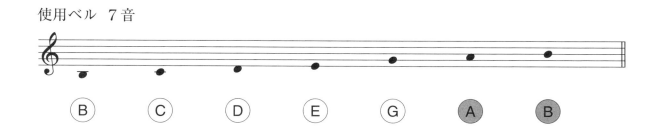

アメリカ民謡

ゆかいなまきば

ゆかいなまきば ●●●

♪演奏のヒント… | * ソの音が大活躍する曲です。同じ音が続くとだんだん速くなってしまうので気をつけてくださいね。
* 15小節目からピアノがクレッシェンド等、変化をつけていますが、慣れてきたらベルでも試してみてください。

♪Bell Ver. I　使用ベル　5音　レベル 🔔🔔

D　E　G　A　B

[3人の例]

① ② ③

D　E　G　A　B

♪Bell Ver. II　使用ベル　7音　レベル 🔔🔔🔔

B　C　D　E　G　A　B

[4人の例]

① ② ③ ④

B　C　D　E　G　A　B

鐘

> ♪演奏のヒント…　＊ ベルのみの曲です。
> 　　　　　　　　時を刻む鐘…気持ちをそろえてきれいに響くように演奏しましょう。

♪Bell Ver. I　使用ベル　4音　レベル 🔔🔔

[2人の例]

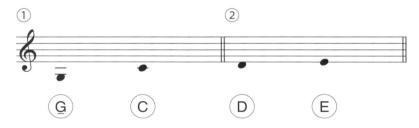

♪Bell Ver. II　使用ベル　8音　レベル 🔔🔔🔔

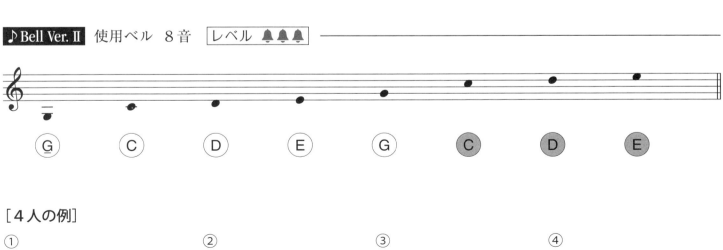

[4人の例]

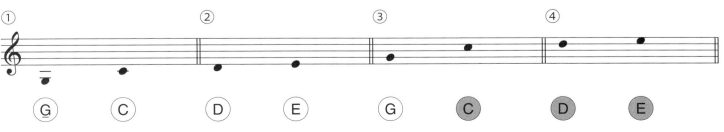

Bell Solo Ver. I 鐘

使用ベル 4音

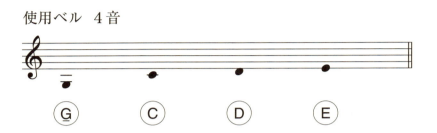

Music by W. Crotch
W. クロッチ

ゆっくり

Bell Solo Ver. II

鐘

使用ベル 8音

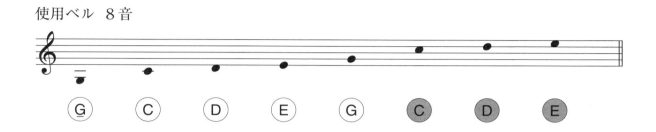

Music by W. Crotch
W. クロッチ

ゆっくり

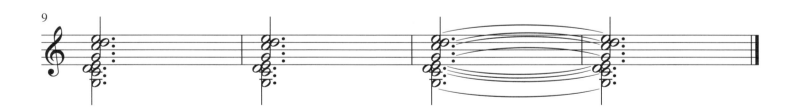

| Bell Ver. I | 鐘の音（フレール・ジャック） |

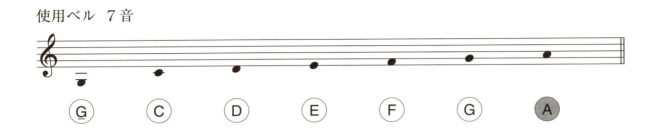

フランス民謡

Bell Ver. II 鐘の音（フレール・ジャック）

使用ベル 8音

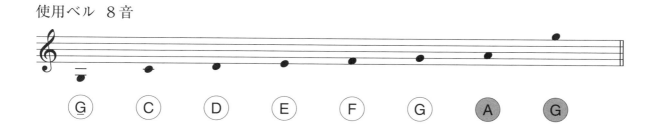

フランス民謡

Andante

鐘の音（フレール・ジャック）

フランス民謡

鐘の音（フレール・ジャック）

♪演奏のヒント…
* Ver. Ⅱ では重音の響きを楽しんでください。
  八分音符が走らないように気をつけて演奏してください。
* 転調して変化をつけてもよいですね。例えば、そっくり4度上げてへ長調にしたり…。（但しVer. Ⅱ の最後のGのみ省いてくださいね。）

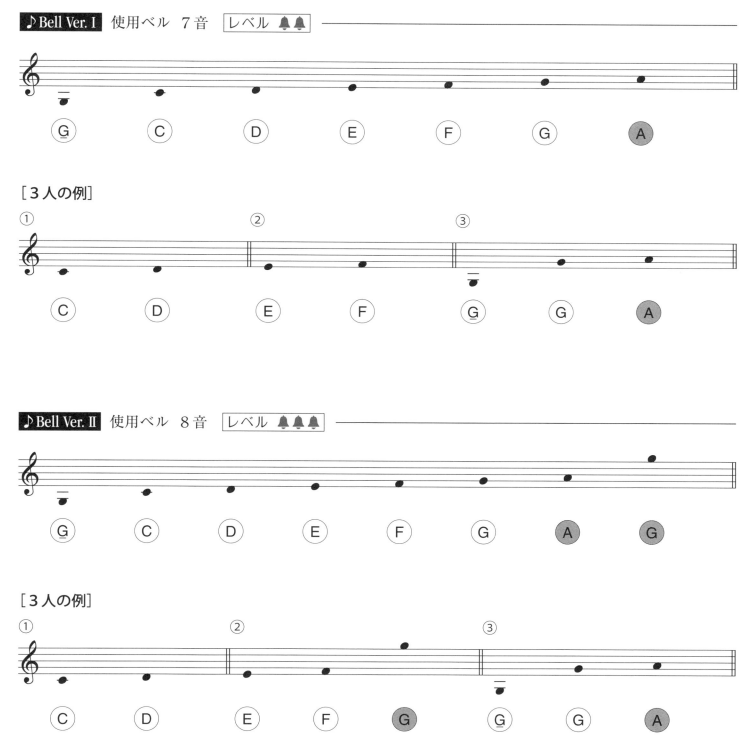

Bell Ver. I キラキラ星

使用ベル 6音

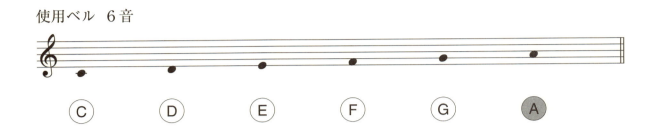

フランス民謡

Bell Ver. II キラキラ星

使用ベル 7音

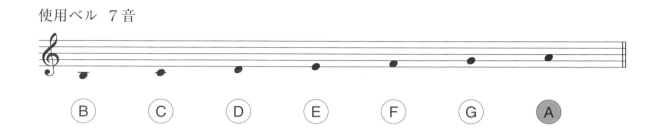

フランス民謡

キラキラ星

キラキラ星

♪演奏のヒント…
* キラキラ星はベルにはぴったりの曲ですね。
  ピアノもベルの音のようにきらきらした音で演奏してみてください。
* Ver.Ⅱではほとんどの音が重音になっていますので気持ちをそろえて演奏してください。

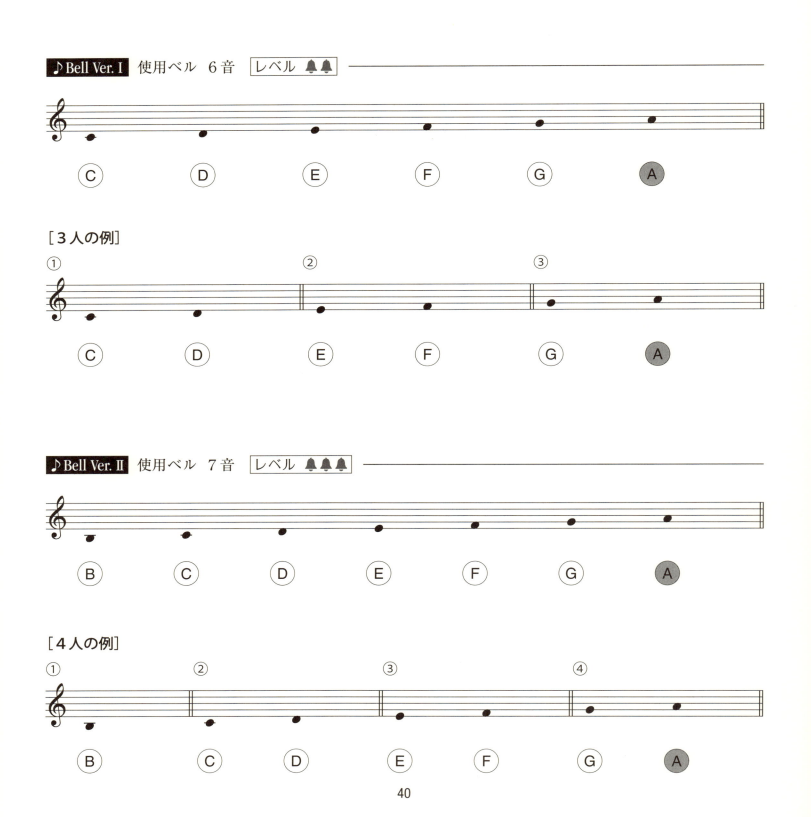

七夕さま

♪演奏のヒント…
* ベルの音を空に届けるようなイメージで演奏してみてください。歌を挟んでみてもよいですね。
* 22小節目のフェルマータは、タイミングがむずかしいようなら省いてもよいです。
* Ver. II は、ベルのみの演奏でも素敵なアンサンブルができます。

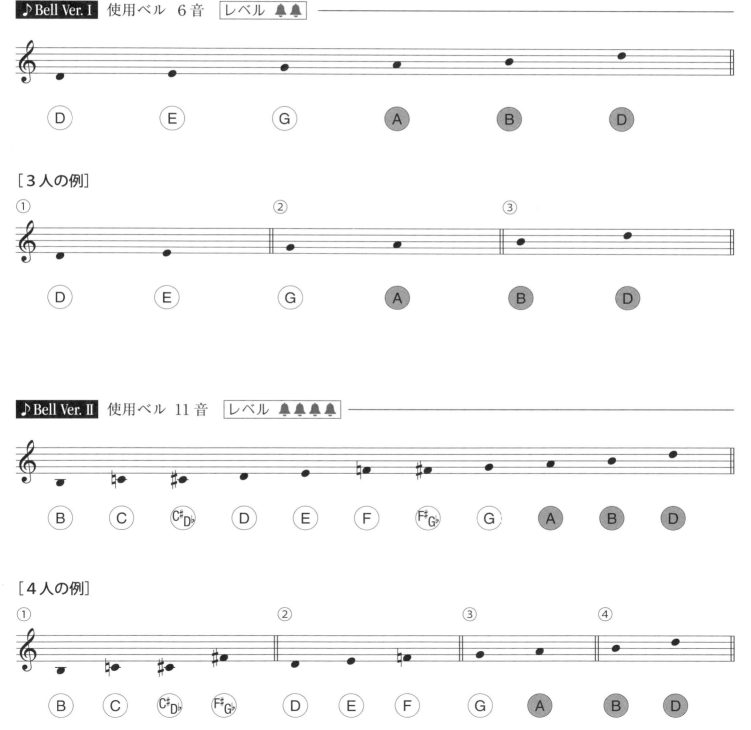

七夕さま

Bell Ver. I

使用ベル 6音

Music by K. Shimofusa
下総皖一

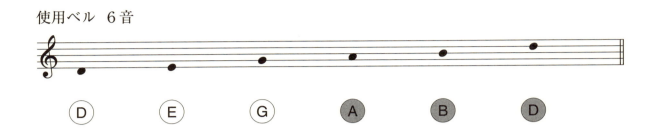

七夕さま

Bell Ver. II

使用ベル 11音

Music by K. Shimofusa
下総皖一

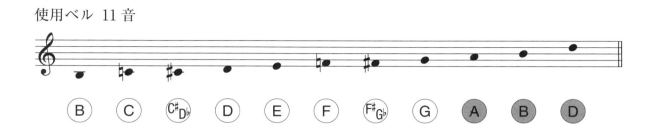

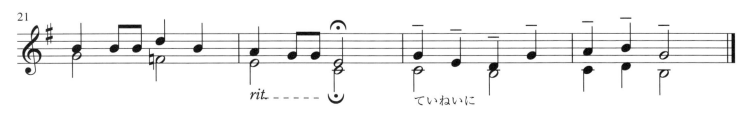

七夕さま

Music by K. Shimofusa
下総皖一

遠くから聞こえてくるように

legato

Bell Ver. I		うみ

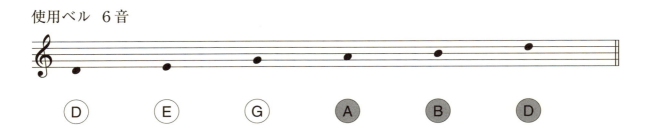

Music by T. Inoue
井上武士

Bell Ver. II   うみ

使用ベル 11 音

Music by T. Inoue
井上武士

うみ

Music by T. Inoue
井上武士

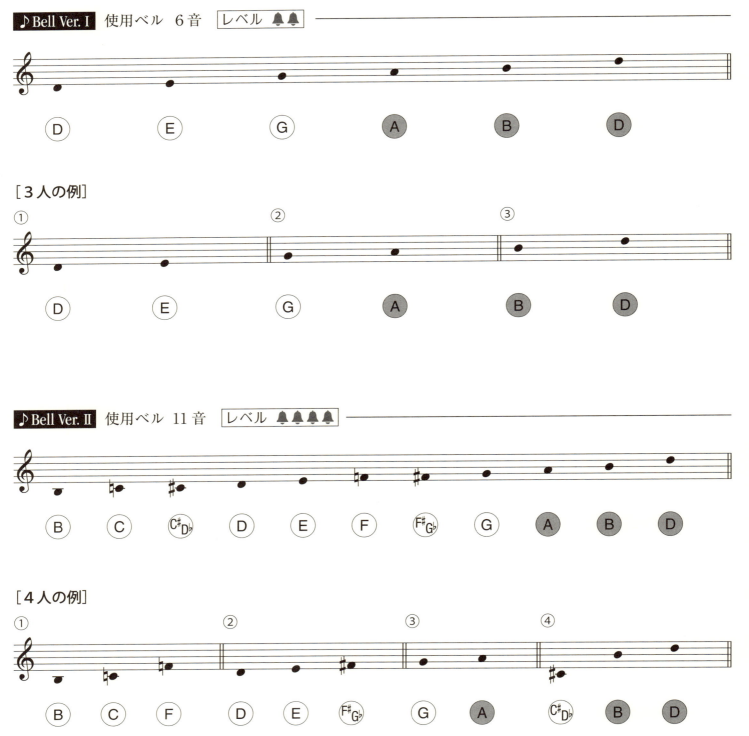

チャパネカス

♪演奏のヒント…
* 3拍子のリズムにのって陽気に演奏しましょう。
* AとBの雰囲気を変えて演奏できると良いと思います。特にB部分はよく歌いながらなめらかな感じが出るとよいと思います。
* 打楽器を入れても楽しめます。

Bell Ver. I

チャパネカス
Las Chiapanecas

メキシコ民謡

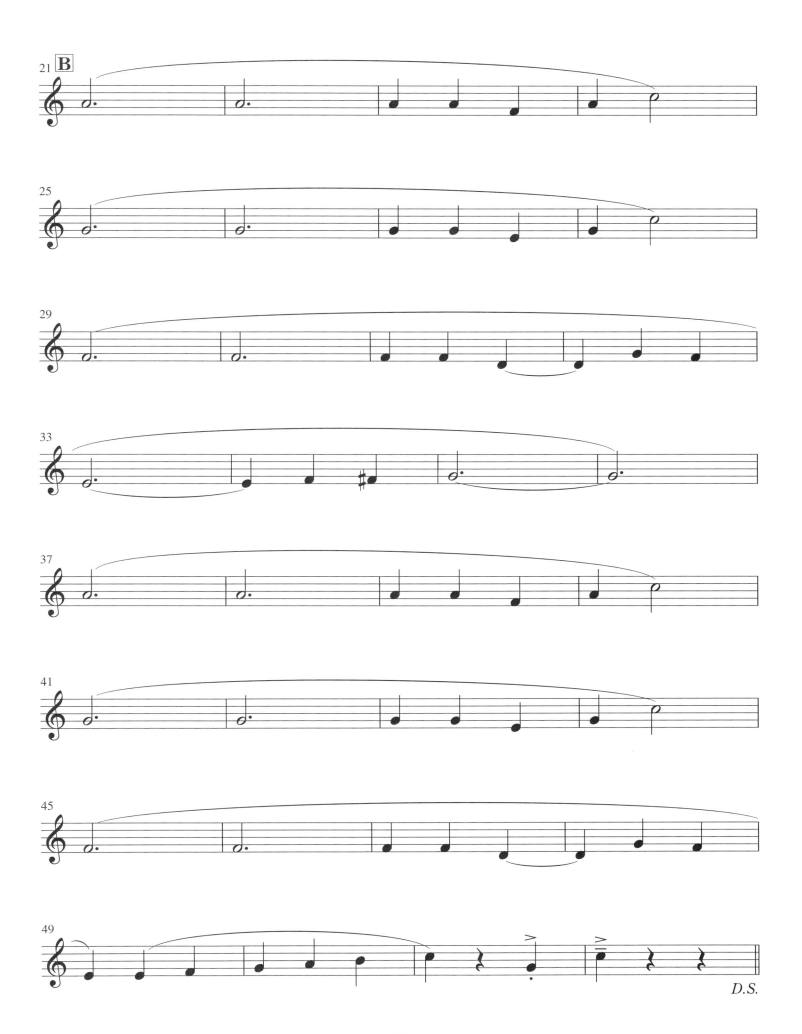

Bell Ver. II

チャパネカス
Las Chiapanecas

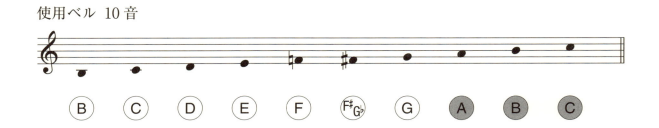

メキシコ民謡

チャパネカス
Las Chiapanecas

メキシコ民謡

ハッピー・バースデー・トゥー・ユー

♪演奏のヒント…
* お誕生日といえばこの曲ですね。世代を超えて歌われている曲です。
* ウキウキした嬉しい感じで演奏してください。
  付点リズムが出てきますので歌いながら3拍子のリズムにのって練習してみてください。
* 10小節目のフェルマータの部分はタイミングを合わせて演奏してください。

Bell Ver. I ハッピー・バースデー・トゥー・ユー
Happy Birthday To You

Music by M. J. Hill
M. J. ヒル

| Bell Ver. II | ハッピー・バースデー・トゥー・ユー

Happy Birthday To You

使用ベル 11音

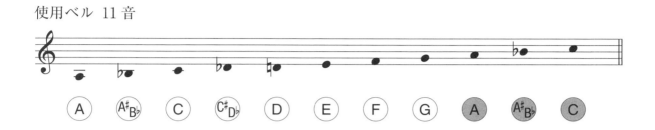

Music by M. J. Hill
M. J. ヒル

楽しく

ハッピー・バースデー・トゥー・ユー
Happy Birthday To You

Music by M. J. Hill
M. J. ヒル

Score

楽しく

Bell Ver. I

Bell Ver. II

Piano

よろこびの歌

♪演奏のヒント…
* メロディーをよく歌って演奏してください。四分音符が続くのでなめらかに奏でるイメージを持って練習しましょう。
* Ver.Ⅱは始めから重音になっています。音がそろうように気をつけて演奏してください。
* 符尾が上のメロディパートと下のパートと分けて練習してもよいですね。

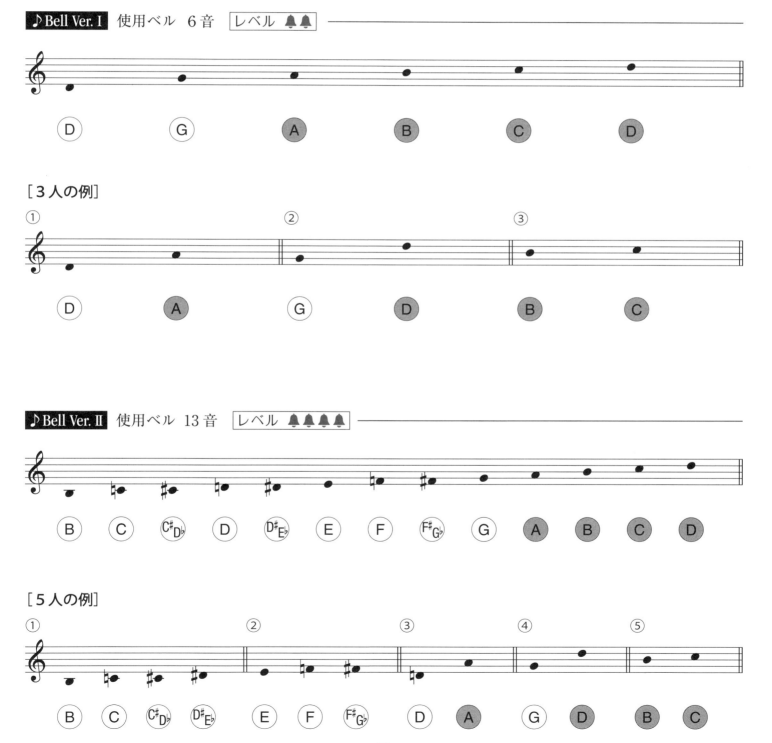

Bell Ver. I よろこびの歌

Music by L.v. Beethoven
L.v. ベートーヴェン

よろこびの歌

Bell Ver. II

Music by L.v. Beethoven
L.v. ベートーヴェン

よろこびの歌

Music by L.v. Beethoven
L.v. ベートーヴェン

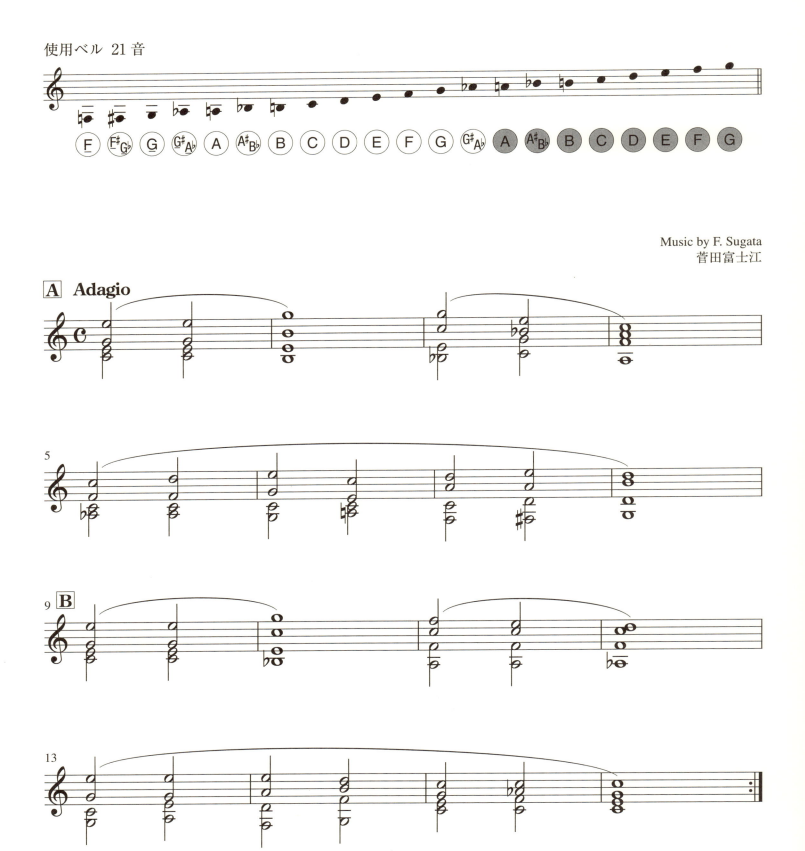

四つ葉のコラール

♪演奏のヒント…

* ベルのソロ曲です。和音の練習用に作りました。
  同時に4つの音が重なると厚みが出たサウンドになるので、よく響きを味わってみてください。
* むずかしそうに見えるのですが、8小節でひとつのゆっくりな3・3・7拍子のリズムでできていますので、演奏しやすいと思います。是非、試してみてください。
* ベル振り分けは［7人の例］になっていますが、ひとり1音から2音を担当し、10～12名で演奏すると、無理なく和音の練習ができると思います。
* リピートがあるので、演奏になれてきたら、1回目は*f*で、2回目は*p*で試してみてください。

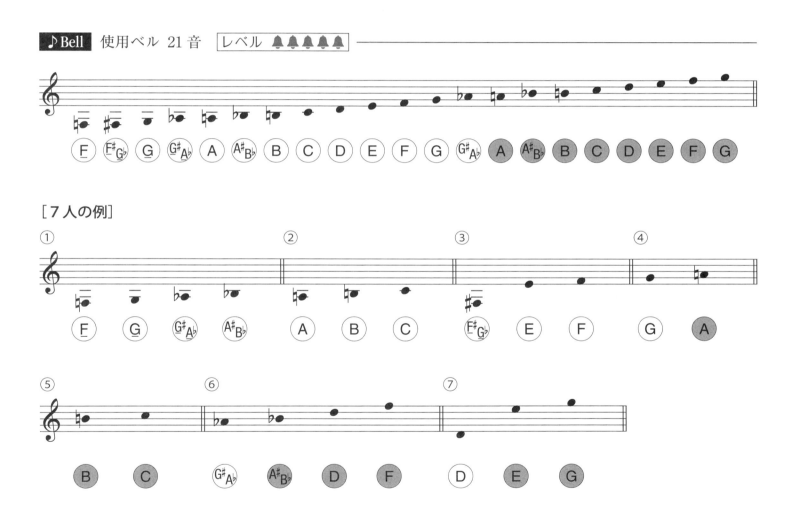

――――――サーベル社刊／ミュージックベル等、主な出版物／好評発売中――――――

● ミュージックベルのためのメッセージ・ソング集 （"本のみ"と"参考演奏ＣＤ付"の２種あり）――――― 菅田富士江編曲
　本のみ：定価[本体1,600円＋税]　ISBN978-4-88371-672-2　JAN:4532679714217　注文番号71421
　ＣＤ付：定価[本体2,500円＋税]　ISBN978-4-88371-706-4　JAN:4532679714736　注文番号71473

曲目：花は咲く／ロンドンデリーの歌／おやすみなさい／カッチーニのアヴェ・マリア／星に願いを／アメージング・グレース／ふるさと／上を向いて歩こう／しあわせ運べるように／祈り〜a prayer

● だれでも、いつでも、みんなで楽しむ ミュージックベル・レパートリー ① ――――――――― 坂倉絹子編曲
　定価[本体1,600円＋税]　ISBN978-4-88371-720-0　JAN:4532679714910　注文番号71491

曲目：ドレミのうた／たなばたさま／おもちゃのチャチャチャ／小さな世界／チャップ・スティック／ふるさと／世界がひとつになるまで／水戸黄門のテーマ〜ああ人生に涙あり〜／野に咲く花のように／フォスター・メドレー（夢路より〜草けいば〜おおスザンナ）／あまちゃんオープニング・テーマ／ミッキーマウス・マーチ／花は咲く／レット・イット・ゴー

● ミュージックベルのためのスタジオジブリ作品集① 　（「②」も発売中）――――――――― 大石由紀子編曲／大石光男監
[増補改訂版]　定価[本体1,500円＋税]　ISBN978-4-88371-659-3　JAN:4532679714019　注文番号71401

曲目：風の谷のナウシカ／ナウシカ・レクイエム／君をのせて／はにゅうの宿／節子と清太／となりのトトロ／さんぽ／すすわたり／おかあさん／木漏れ日の路地／海の見える街／想い出がかけぬけてゆく／愛は花・君はその種子／さくらんぼの実る頃／ポルコとジーナのテーマ／時には昔の話を／いつでも誰かが／アジアのこの町で／カントリーロード／もののけ姫／ケ・セラ・セラ／ひとりぼっちはやめた／いつも何度でも／世界の約束／崖の上のポニョ／アリエッティー・ソング／さよならの夏／いのちの記憶

● ベルのためのアニメソング① 〜こどもから大人まで楽しめる〜 ――――――――――――― 大石由紀子編曲／大石光男監
[増補改訂版]　定価[本体1,500円＋税]　ISBN978-4-88371-509-1　JAN:4532679105091　注文番号71201

曲目：いつか王子様が／いつも何度でも／ふたたび／ハム太郎とっとこうた／サザエさん／ウルトラマンのうた／ドラえもんのうた／となりのトトロ／崖の上のポニョ／星に願いを　他

● ミュージックベル20音のためのアニメのうた ――――――――――――――――――――― 大石由紀子編曲／大石光男監修
[改訂新版]　定価[本体1,500円＋税]　ISBN978-4-88371-658-6　JAN:4532679713913　注文番号71391

曲目：ミッキーマウス・マーチ／ハイ・ホー／狼なんか怖くない／小さな世界／サザエさん／にんげんていいな／アンパンマンのマーチ／勇気りんりん／魔法使いサリー／ひみつのアッコちゃん／また会える日まで／おしえて／ワイワイワールド／おどるポンポコリン／ムーンライト伝説／HAPPY BIRTHDAY／仮面ライダークウガ！／君をのせて／風の丘／世界って広いわ／さんぽ／ねこバス／となりのトトロ／五月の村／もののけ姫／ふたたび／Every Heart／おジャ魔女でBAN2／200％のジュモン／ハムハムON-DOだ ハムちゃんず！／ミニハムずの結婚ソング／ルパン３世／ひょっこりひょうたん島／勇気100％

● ミュージックベル20音のためのJ-POP ① 　（「②」も発売中）―――――――――――― 大石由紀子編曲／大石光男監修
[増補版・改2]　定価[本体1,500円＋税]　ISBN978-4-88371-565-7　JAN:4532679712817　注文番号71281

曲目：少年時代／私はピアノ／花／ひだまりの詩／見上げてごらん夜の星を／翼を下さい／水色の恋／さとうきび畑／戦場のメリークリスマス／亜麻色の髪の乙女／さくら／世界に一つだけの花／遥かなる大地／こころ（メインテーマ）／いとしのエリー／川の流れのように／夜空ノムコウ／涙そうそう／もらい泣き／TAKUMI 匠／Believe／NOVAうさぎのうた／たらこ・たらこ・たらこ／まあるいいのち／巣立ちの歌、桜の栞、他

● ミュージックベル20音のためのクラシック名曲集① 　（「②」も発売中）―――――――― 大石由紀子編曲／大石光男監修
[改訂新版]　定価[本体1,500円＋税]　ISBN978-4-88371-596-1　JAN:4532679713319　注文番号71331

曲目：四季より 春／Ｇ線上のアリア／見よ勇者は帰る／ハレルヤ／エリーゼのために／ノクターン・第８番／愛の夢・第３番／眠りの精／家路／ユーモレスク／トゥーランドットより 誰も寝てはならぬ／ラデツキー・マーチ／皇帝円舞曲／カヴァレリア・ルスティカーナより 間奏曲／エンターティナー／惑星よりジュピター／白鳥の歌より セレナーデ／アルハンブラの思い出／トルコ行進曲／バラード／ハンガリー舞曲第５番／ペールギュント第１組曲より 朝／ブラームスの子守唄／わが祖国より モルダウ／華麗なる大円舞曲Op.18／楽しき農夫

● ボランティア演奏にも使えるベル・チャイムを楽しもう ――――――――――――――――――― 中戸川憲子編曲
　定価[本体1,600円＋税]　ISBN978-4-88371-729-3　JAN:4532679715016　注文番号71501

曲目：春の曲（さくらさくら〜春の小川〜春が来た）／夏の曲（うみ〜海）／秋の曲（赤とんぼ〜もみじ）／冬の曲（雪〜たきび）／オーラ・リー／夕焼け小焼け／みかんの花咲く丘／荒城の月／牧場の朝／上を向いて歩こう／見上げてごらん夜の星を／涙そうそう／エーデルワイス／星に願いを／ふるさと／学生時代／風／ノクターン op.9-2／眠れ幼な子イエスよ／もみの木／聖夜〜まきびと／おめでとうクリスマス〜かいばおけに／赤鼻のトナカイ／ジングル・ベル／今日の日はさようなら

● 音楽リハビリテーション ≪ハンドベル編／ミュージックベル・トーンチャイム≫ ――――― 今北英高／さかもとあけみ共著
　定価[本体1,500円＋税]　ISBN978-4-88371-710-1　JAN:4532679714811　注文番号71481

曲目：水戸黄門／かえり船／童謡（ちょうちょ／メリーさんのひつじ／きらきら星）／ふるさと／里の秋／月の砂漠／ここに幸あり／みかんの花咲く丘／瀬戸の花嫁／少年時代／上を向いて歩こう／もみじ／さくらさくら／星に願いを／きよしこの夜／わらべうた（かごめかごめ／ひらいたひらいた／ほたるこい）／ハッピーバースディ／たなばたさま／お正月／ジングルベル／おめでとうメリークリスマス

● ミュージックベルとトーンチャイム 音楽療法の現場で ――――――――――――――――――― 嘉藤やよい編著
[増補改訂版]　定価[本体1,800円＋税]　ISBN978-4-88371-680-7　JAN:4532679714415　注文番号71441

著者は長年にわたり、福祉関係やお年寄りのグループに、合唱やミュージックベル、トーンチャイムを用いた演奏を楽しむことで音楽を通した効果的なリハビリを実践してきました。本書は、この経験を生かしながら現場で演奏しやすいように、音の動きの簡素化、歌いやすい音域の調にするなど工夫された編集になっています。現場では理屈通りにいかないことが多いですが、この指導書を用いてベル演奏の楽しさを紹介実施してほしいと願っています。

――――――――――――― その他多数発売、詳しくは弊社ホームページをご覧ください ―――――――――――――

好評発売中

Music Bells 〔Tone Chimes, English Hand Bells〕
Bell & Piano Ensemble Selections
ベルとピアノ・アンサンブル・セレクション

編曲：菅田富士江
協力：ベルあんさんぶる"森のトントゥ達"

ベルの響きは一瞬のうちにその場の空気を変える不思議な「音」です。その音色に魅せられて、ベルあんさんぶる"森のトントゥ達"と共に「クリスマスに、ベルの音届けたい！(隊!)」となって演奏活動をしてきました。
これまで演奏してきた曲の中から、ベルのサウンドにあう曲を選び、全2巻[春・夏編]、[秋・冬編]のアルバムとしてまとめることが出来ました。

本書の特長
- ミュージックベル(27音)で演奏出来るようアレンジしましたが、イングリッシュ・ハンドベル、トーンチャイムでも演奏できます。
- 幼児からシニアまで、初心者から中・上級レベルの方まで世代、経験をこえて多くの方々に演奏していただきたく、一つの曲に対し難易度を変えた二種類、Bell Part Ⅰ(やさしいバージョン)と、Bell Part Ⅱ(より演奏効果のあるバージョン)を用意。
- 主に、ベルとピアノのアンサンブルのアレンジになっています。ピアノは伴奏にとどまらず、ベルとピアノが互いに主役になったり背景になったりして『音楽』をつくっていくと素敵なアンサンブルになると思います。
- 参考までに、ベルの振り分け、人数も一例として記しましたが、演奏者の人数、個人の能力に応じてより演奏しやすいよう工夫してください。

森のトントゥ達／秋・冬編

「本のみ」
商品番号：71351
JAN：4532679713517
ISBN 978-4-88371-628-9

「CD付」
商品番号：71513
JAN：4532679715139
ISBN 978-4-88371-735-4

各定価
本のみ：本体1,600円＋税
CD付：本体2,500円＋税

森のトントゥ達／春・夏編

「本のみ」商品番号：71361／JAN：4532679713616
ISBN 978-4-88371-629-6

「CD付」商品番号：71523／JAN：4532679715238
ISBN 978-4-88371-736-1

掲載曲（秋・冬編）

from 4 Little Dream Songs…Takashi Yoshimatsu
　Autumn : Dream Songs In November
　　秋：11月の夢の歌（「4つの小さな夢の歌」より）
　Winter : Lullaby…I hope the world is here tomorrow too
　　冬：子守歌（「4つの小さな夢の歌」より）

Silver Bells……………………… J.Livingston & R.Evans
　シルバーベル
O Tannenbaum……………………………………… anon
　樅の木
Let's Ring Bells!…………………………… Toru Ishii
　鐘をならそう
Look Up Stars At Night……………………… Taku Izumi
　見上げてごらん夜の星を
Celtic Fantasy……………………………… Fumio Yasuda
　ケルトファンタジー
Finlandia-Hymni………………………………… Jean Sibelius
　フィンランディア讃歌

掲載曲（春・夏編）

from 4 Little Dream Songs…Takashi Yoshimatsu
　Spring : Dream Songs In May
　　春：5月の夢の歌（「4つの小さな夢の歌」より）
　Summer : Crooked Waltz In August
　　夏：8月の歪んだワルツ（「4つの小さな夢の歌」より）

Indian Summer…………………………… André Gagnon
　小さい春
Mansikka………………………………… Finnish Folk Song
　野いちご
Edelweiss………………………………… Richard Rodgers
　エーデルワイス
Carillon ～ Smile ～……………………… Aiko Takizawa
　カリヨン～ほほえみ～
Over the Rainbow……………………………… Harold Arlen
　虹の彼方に

《菅田富士江　プロフィール》

上野学園大学音楽学部ピアノ科卒業。

林祐子、鈴木美和子、久保春代、舘野泉諸氏に師事。

歌曲伴奏法を本澤尚道氏、作・編曲を安田芙充央氏に師事。

フィンランド・クフモ室内楽音楽祭参加、K・ボギノ、L・ハワードに師事。

世界的クロマティックハーモニカ奏者崎元譲氏との共演で全国各地、及び海外での演奏やレコーディング等、またピアノデュオの新作委嘱、室内楽コンサート、声楽リサイタル、各種コンクールの伴奏、NHK・FM「名曲リサイタル」出演等、幅広い演奏活動を行っている。

ベルあんさんぶる「森のトントゥ達」を主宰し「音の玉手箱」コンサート及び毎年Xmasに「ベルの音とどけたい！（隊）」活動を展開している。

CD …「ロドリーゴ：スペインの小さな田舎町（ハーモニカ＆ピアノ）」、「ハーモニカデュオ名曲集"ニューシネマパラダイス組曲"」をカメラータ・トウキョウよりリリース。

楽譜 …「ベルとピアノ・アンサンブルセレクション／森のトントゥ達／春夏編・秋冬編」全2巻、「ミュージックベルのためのメッセージソング集1」（いずれも「本のみ」と「参考演奏CD付」の2種類あり）をサーベル社より出版。

全日本ミュージックベル連盟　http://www.musicbell.net/

編　著	菅田富士江
表紙装幀	竹田幸子
DTP	アトリエ・ベアール
発行者	鈴木廣史
発行所	株式会社サーベル社
定　価	［本体1,600円＋税］
発行日	2017年3月20日

JASRACの承認に依り許諾証紙貼付免除

JASRAC 出 1702860-701

ISBN978-4-88371-744-6 C0073 ¥1600E

ミュージックベル・はじめのい～～っぽ！
～幼児から高齢者の方まで無理なく楽しめるアンサンブル～
ピアノ伴奏付

〒130-0025　東京都墨田区千歳2-9-13
TEL：03-3846-1051　FAX：03-3846-1391
http://www.saber-inc.co.jp/

この著作物を権利者に無断で複写複製することは、著作権法で禁じられています。
万一、落丁・乱丁の場合は送料小社負担でお取替えいたします。